Los días heterónomos

XV Premio Iberoamericano
de Poesía Hermanos Machado

Juan Bonilla

Los días heterónomos

FUNDACIÓN JOSÉ MANUEL LARA

Vandalia

Vandalia, 120

Esta obra ha sido galardonada con el XV Premio Iberoamericano de Poesía Hermanos Machado, convocado por el Instituto de la Cultura y de las Artes del Ayuntamiento de Sevilla (ICAS) con la colaboración de la Fundación José Manuel Lara. Formaron parte del jurado, presidido por Angie Moreno, delegada de Turismo y Cultura del Ayuntamiento de Sevilla, Jacobo Cortines, Ignacio F. Garmendia, Abelardo Linares y Javier Salvago, actuando como secretario Francisco Javier Muñoz León, jefe de Servicio de Gestión Administrativa y Subvenciones del ICAS

NO8DO

AYUNTAMIENTO DE SEVILLA

Director de colección: Jacobo Cortines
Consejo asesor: Ignacio F. Garmendia, Juan Lamillar, Aurora Luque, Álvaro Salvador y Andrés Trapiello

Primera edición: junio, 2025

Avda. Reino Unido, 11, 1ª. 41012 Sevilla (España)

Edición al cuidado de Ignacio F. Garmendia
Diseño: Estudio Manuel Ortiz
Maquetación: Manuel Rosal
Ilustración de cubierta: Grabado de Eduardo Gener para *Señorita del Mar* (1934) de José María Pemán
Fotografía del autor: Christina Linares del Castillo

Dep. Legal: SE 829-2025
ISBN: 978-84-19132-59-8
Printed in Spain-Impreso en España

PRÓLOGO

PRESCRIPCIÓN FACULTATIVA

a José Mateos

Por prescripción facultativa
el mundo se ha llenado
de cosas prohibidas:
cigarrillos, alcoholes,
donuts y otras alquimias,
carne roja, la prosa
ansiosa de las prisas.
Es más pequeño el mundo
y, sin embargo, mira:
parece, todo adrede,
bañado con la tinta
de un dios venido a más
que cauteriza heridas
con su candela alegre.
Ahora se magnifica
lo que antes no era nada.
Es una luz distinta
que empequeñece el mundo
y agiganta la vida.

1

LOS DÍAS HETERÓNOMOS

ESPLENDOR

Estuve enfermo en primavera
y qué esplendor tan de repente,
todo me pareció radiante
y era como descubrir que te habían engañado,
como si dentro se te hubiera muerto el dios
tunante que te dirigía adónde
y para qué a empujones de rutina
e impuestos indirectos.
Ya no era un dios
sino uno de esos tarados
que en una maratón se arrastran
por el suelo para alcanzar la meta
ante el estadio puesto en pie
(ovación de tarados
emocionados ante el despilfarro
de la energía humana acorazada en voluntad).
Lo exhumé de mi corazón
para arrojarlo al cubo de basura.

Entré en mi cuarto a oír
a las cosas hablándome en su idioma de cosas,
con su tiempo verbal hirviendo
de un pasado que niega ser pasado
y el frío de un futuro en el que no estaremos:
una pelota roja canta goles de tu infancia todavía
y aunque hace tiempo que está quieta en un rincón
hay dentro de ella aún algarabía de planeta
en fiesta; ese abanico roto
le dio aire fresco a tu madre en las tardes
mortecinas de verano y todavía
ofrece aire cuando sólo por tenerlo entre las manos

lo extiendes y sacudes para alzar
en las noches más tórridas
brisa y melancolía.

Las escuché
en su idioma de cosas que podrían
decirle a alguien que no va a conocerte
algo de ti, de quien quisiste ser, de quien no fuiste.
Apenas un susurro hecho de cosas.

Y de repente qué esplendor,
como un secreto que le presta explicación
a lo que no la tiene,
tatúa en la corteza cerebral
su pregunta de niñito perdido:
¿dónde está lo que importa?,
¿dónde vamos a empujones
de un dios tunante que es como esos tarados
que por acabar la maratón
se arrastran por el suelo
para llegar a meta
ante el estadio puesto en pie –ovación de tarados?

Y desde adentro se fue alzando
la claridad
enfundándolo todo en su respuesta:
quizá le llamas vida a un simulacro,
quizá nos desnudamos en disfraces
ante espejos caníbales,
renunciando a este himno de estar vivos.
Quizá somos un himno que
no necesita amo ni patria ni señor.
Himno es canto que enlaza a un dios cualquiera

con quien le está cantando, y eso somos:
no más que el tarareo de un intérprete
que trata de prestarle melodía
a lo que en lengua muerta sienten aún
todos los que pudimos ser,
fantasmas encerrados
en el cristal inquebrantable
de quienes sí seremos.

LOS DÍAS HETERÓNOMOS

Pasan en procesión
los días heterónomos
y los recuerdos no funcionan,
se nos disuelven
como episodios
de los que sólo quedan titulares,
los detalles se pierden,
y se borran los gestos,
persisten sólo sensaciones generales,
grandes palabras como cuevas húmedas
en las que hubo mucha vida
de la que sólo quedan pintarrajos
en la pared.

Uno tras otro pasan
los días heterónomos.

No somos ley de nuestro propio estar,
somos mundo sujeto al mundo,
se nos imponen ciegas,
con una fe epidural,
leyes de fuera
dictadas en despachos donde nadie nos conoce.

Y son entonces
las voces puntiagudas de la prisa,
los vagones de metro
atestados de gente con el voto decidido.

En días heterónomos
no nos bastamos,

necesitamos un certificado, un pago, un no sé qué,
nos exilia el espejo
con zafios epitafios,
los recuerdos se ahogan en placenta,
la sensación de haberlo ya vivido todo
nos quema
no sólo por haberlo ya vivido todo
–hemos amado hasta el desastre,
nos han amado hasta el agotamiento,
hemos matado, sí,
nos hemos incrustado en un arcoíris,
hemos visto un eclipse,
varios amaneceres en distintas lenguas,
hemos reído tanto
que hemos llorado poco–
sino también por no tener
más ganas de vivirlo otra vez…

Ah quién pudiera
saber vivirse en la repetición,
tararear el estribillo pegadizo
de estar aquí,
sin voto decidido,
buscando sólo
un día autónomo en el que nos bastemos,
seamos mundo no sujeto al mundo,
seamos ley que vuele en los pasillos del ahora…
un pájaro sin nombre.
Un pájaro que no pueda abatirse con un nombre.

ESOS CHICOS

Son bobos estos chicos, todo el día
tapiándose el cerebro con chunchún,
y tonteando en callejones
en que pierden las horas. Y qué lengua gastan.
Parecen enorgullecerse
de las anchuras de su necedad.
Por no hablar de los harapos que se ponen
y esas pieles tatuadas con motivos góticos,
letras escandinavas,
y corazones derretidos en los que se lee «amor de mierda».

Yo no sé dónde vamos a llegar,
porque además es que se drogan con las benzos,
que te dejan un cuerpo lacio
de puro conformismo con el mundo,
un qué más da incendiando sus cerebros,
no como en nuestra época
en la que nos poníamos
hasta el culo de coca y de *speed*,
y ya de amanecida en mercadillos suburbiales
comprábamos los uniformes de ser joven
–camisas militares
a las que les cosíamos escudos pacifistas–
mientras que nos roía el cerebelo
la música tunante de unos grupos
de los que no se acuerdan ni sus herederos.

Claro que también nosotros
perdíamos toneladas de horas hablando de patrañas
o grafiteando las paredes
de un túnel con eslóganes baratos,

y también nos dábamos el gusto de menospreciar
a los mayores –la gente de treinta
años nos parecían jubilados
que iban cuesta abajo hacia la tumba.

Quizá, en el fondo, no somos tan distintos,
hay que reconocerlo.
Quizá lo que me siente mal
es no tener sus diecisiete años
y estar aquí aguantándolos
cuando lo que me pide el cuerpo
indecente es salir y unirme a ellos
en el callejón
y que alguien asomado a su ventana
murmure al verme: vaya viejo tan ridículo.

POETA HEROICO
(Epigrama)

Lo dice en sus poemas, lo repite
en cuanta conferencia da,
en prólogos, banquetes y entrevistas:
esta época le asquea
por haber desterrado los valores de la épica,
el honor de los guerreros,
la dignidad del héroe incorruptible.
Y ciertamente ha demostrado con su exacto ejemplo
cómo la dignidad se pudre:
en el jurado de un premio muy principal,
dio el voto decisivo a un libro putrefacto
por obedecer ciegamente
las órdenes del amo que le paga.

En su favor diremos que con el estipendio
recaudado adquirió
el incunable de una de esas crónicas antiguas
en las que se canta
el valor de la épica,
la dignidad de los héroes incorruptibles.

DESPACHOS

Despachos donde nadie nos conoce
y en los que se deciden nuestras vidas.
Largas mesas con café, zumo, bollos,
conversaciones sobre el largo puente…
Siempre hay un cuadro de arte nuevo
que desprecia el poder, según dijo el artista.

Orden del día y de repente
circulan documentos
en los que se deciden nuestras vidas.
Exprópiese o restrínjanse las becas…
Y en caravana firmas de desconocidos
ponen en marcha
la maquinaria de la realidad
y unos meses después
tu padre está en el paro
o tú mismo no puedes estudiar lo que querías,
tu destino ha virado hacia otro sitio
y serás otro.

No siempre decisiones que castigan,
también de vez en cuando algún regalo.
Permítase, y de pronto
dejan entrar sin el visado a gente que huye
y unos meses después
el barrio y los alrededores
se nos llenan de muchachas atléticas
y en una de ellas
la boca que va a darte
los primeros besos.

Despachos donde nadie nos conoce
y en los que se deciden nuestras vidas.

MILAGRO

Yo vivo de milagros, está claro.
Quiero decir que el aceite esparciéndose
por el pan ya cubierto de tomate
es un milagro y milagrosa
es la lengua de sol que santifica
el patio donde desayuno.

Yo vivo de milagros por cuidarme
del laberinto en que me deshabito,
trato de usarme en todo lo que hago,
usarme así contra grandilocuencias
de quien le busca su sentido
a lo que sólo es léxico de muertos,
huyendo en pos de un centro
que no es más que un efecto mental
de vacías respuestas.

La esperanza es lo último que nos pierde,
y gloria a dios en las harturas.

Milagro viene de mirar,
es bueno recordarlo si te vuelves invisible,
cuando ya no te mira ni el espejo
y de tanto andarte por las tramas
has ido desapareciendo
de los recuerdos de los otros
como una polaroid dejada al sol.

Soy como todos un truco de magia:
no hay nada por aquí, ni nada por allá,

y de repente estás, y pronto no estarás.
el universo no nos da importancia.

Mas vives de milagros, está claro:
mirar el mundo inexplicable,
usarse en todo lo que hagas,
sentir cómo te elevas
del laberinto mentiroso
cuyo centro es la muerte insaciable.

Dentro del corazón llevas un pájaro
que come corazones.

RELÁMPAGO

Siento que en mí
a menudo no hay nadie:
y soy feliz.

MANANTIALES

Cuánto cansancio a veces
nos pringa el alma en todo lo que hay.
Manantiales de vida que hasta ayer
estabais aquí mismo, ¿dónde estáis?

Os busco bien temprano en la mañana
mientras oigo peleas de gorriones.
En el metro donde ya va sin gana
gente desconectada en conexiones.

Por las calles os busco, por si acaso
en los ojos de una desconocida
me sale de repente al paso
la serpiente que aún llevo dormida

en algún sótano del alma, si es que tengo.
Os busco en el café, en conversaciones,
en música de calle. Vuelto a casa,
me sumerjo en oraciones

de algún libro hacia algún sitio distante.
Manantiales de vida, ¿dónde estáis?
Ya no os encuentro donde os encontraba antes.
La sensación de estar siempre en orsay

me deja sin jugar como jugaba
cuando hecho de no-futuro y de fuego,
mis venas se alumbraban con la lava
de ser la única pieza de este juego

que era vivir sin más, sin qués, sin dóndes.
Pero el tiempo te encierra ciego
en una jaula hecha de horizontes.
Y comprendes que acaso no era un juego

cuando al partido ya le queda poco.
Manantiales de vida, ¿dónde estáis?...
No en la memoria, nave de los locos,
quizá sólo en los sueños, donde aún hay

la posibilidad de abrir camino
hacia otro sitio, hacia cualquier lugar
donde vaciar de la memoria este destino
de haber perdido el modo de encontrar

manantiales de vida en cualquier parte.
En las noches concisas, en que de extraño modo,
la vida era una obra de arte
hecha de carne tensa y sed de todo.

DÍA PERFECTO

Me conformo con poco: lograr el día perfecto.
Despertar sin temores cuando la luz inédita
del nuevo día me alce lento
del suelo de algún sueño,
y encabalgar instantes como versos
hechos en un idioma
en el que la más rebuscada
de las metáforas sea un lugar común.
Deslizarse por el sendero de las horas
sin sentir que le cedemos al tedio
un solo momento,
dejar pasar tan sólo los recuerdos
iluminados por la luz del agradecimiento,
gastar algunas horas en un libro
que sepa devolverte aquellos vértigos
de una adolescencia que en los libros
abolía los días ciegos.
Me conformo con poco: no albergar ningún miedo,
no preguntar ni quién soy ni de dónde vengo,
aceptar que el amor es sólo un préstamo,
dejar que el día se vaya como vino,
para cenar jerez y frutos secos
y música gitana perfumando el aire,
saber que no te van a echar de menos,
y contemplar, poco antes de acostarte,
al niño que aún te mira en el espejo.

2

INSPIRACIONES

GRATITUD

Señor, ¿por qué permites que haya
tanta belleza en este mundo?,
preguntaba Cansinos a los cielos.
Le hería la hermosura inalcanzable,
el castigo de envejecer
el cuerpo y la mirada aún fuera joven.
Muy al contrario de él yo doy las gracias:
la belleza me cura y da energía,
saberla tan común, tan cotidiana,
tan callejera, multiplica el don
de contagiarse de ella sin tocarla,
sentir que tu alma vuela en tantas cosas,
que una puesta de sol está expresándote
como te expresa lo más íntimo
esa muchacha que en el párking
se agacha a recoger las llaves
sin saber la candela que se enciende
en los adentros de uno, a los sesenta
vuelto a la adolescencia en un instante
cuando sedienta la mirada
lamía inalcanzables transeúntes.

MATEO, 19, 24

El banquero William Abbott
acosado por pesadillas, insomnios, ataques de pánico,
consultó a Mr. Chesterton
cómo era posible que los ricos no pudieran ingresar
al Reino de los Cielos.

–¿No pueden? ¿Quién lo dice?, preguntó Chesterton.
–Mateo 19, 24.
–Ah, bueno, no.
Ahí no dice que los ricos no vayáis a entrar en el cielo,
lo que se dice es que es más fácil que un camello
entre por el ojo de una aguja
que hacer entrar a un rico al Reino de los Cielos. Gran
verdad.
–¿Entonces?

Mr. Chesterton pidió que le trajeran
aguja, dedal, hilo y un trozo de tela.
Pasó el hilo por el ojo de una aguja y lo anudó.
Luego bordó con mano maestra la figura de un camello.
–Ya está, le dijo a William Abbott.
Ahí lo tienes:
el camello ha pasado por el ojo de la aguja
y por lo tanto algunos ricos entraréis al Reino de los Cielos.

–No, no, protestó Abbott, no,
lo que ha pasado por el ojo de la aguja
es el hilo, no el camello.
–Dejemos que lo decida el mayordomo,
le dijo Chesterton.
Si a lo que voy a preguntarle me responde:

un paño con un camello bordado,
entonces es verdad
que sólo ha pasado el hilo por el ojo de la aguja.
Si sin embargo me responde:
un camello,
entonces admitirás que lo que ha pasado por el ojo de la aguja
es el camello.

Abbott llamó a su mayordomo.
Chesterton mostró el trozo de tela y preguntó:
–Señor, ¿sería tan amable de decirme qué ve aquí?
Y el mayordomo respondió lo que cualquiera hubiese respondido.

LA SECTA DE LOS VILES

¿Quién es toda esa gente?, pregunté al verlos.
La muchedumbre inconsolable,
anegaban de llanto los suelos del aparcamiento:
se parecían a los refugiados de una guerra
a los que Europa no deja entrar
después de haber cruzado un mar hambriento y un
 desierto.
Jamás creí que la muerte a tantos pudiera arrebatar.

Mi guía respondió: son los viles, son los más,
gente de clase media, nauseabunda,
vivieron sus vidas apagadas sin correr más riesgo
que el de vivirla a conveniencia,
su único faro era el bien particular,
la vida fácil, trabajo y ocio,
cumplir a rajatabla lo que estaba mandado,
sus planes de pensiones, los implantes dentales
pagados en cómodos plazos,
el gimnasio tres veces por semana…
Los ricos se burlan de ellos por su mal gusto,
sus muebles de Ikea, sus fines de semana en hotelitos
 rurales;
los intelectuales los detestan
porque son el poder y la mentira,
porque usurparon la verdad del Pueblo;
no apostaron el alma por nadie,
ni Dios ni el Diablo los tienen en cuenta,
uno porque para ellos no son más que un objeto de
 decoración,
el otro porque un alma de pequeñoburgués
no vale para sembrar el santo mal sobre la tierra;

vivieron sin pensar en la posteridad,
dijeron que la posteridad había muerto,
y ahora nadie se acuerda de ellos,
y nadie los recordará jamás,
aquí permanecerán para los restos
con el llanto propio enmudecido por el llanto de los otros;
pasa de largo,
no merecen que nos detengamos,
no tiene nombre propio ninguno de ellos,
olvídalos, sigamos...

Pero ¿cómo olvidarlos si yo era uno de ellos?
Perdóname, le dije al guía,
pero menuda sarta de idioteces.
¿Que vivieron sus vidas sin correr más riesgo
que el de vivirla a conveniencia?
¿Y qué hago yo, y qué hiciste tú,
y qué hizo el señorito de clase alta
que se follaba a muchachitos en Manila
y luego despreciaba el gusto enfermo
de las cocinitas de ensueño
de las parejas de dos sueldos
con sueños leves y ambiciones bien domadas
–un viajecito a Chipre,
un leve ascenso en el trabajo,
algo más de seguridad?
¿Que no hicieron nada por los otros cada cual en su
  nombre?,
puede ser, pero entre todos sí lograron
ir desviando el poder hacia los más –que no son todos–
y tuvieron la ocurrencia de repartir
lo que pudieran entre quienes nada tenían.

¿No fueron ellos quienes rebajaron
las potencias de los curas
para que no se nos metieran más en el dormitorio?
¿No fueron ellos quienes se burlaban
de las vanas grandezas deslizando lo importante
a lo pequeño y cotidiano?
¿No fueron ellos quienes definieron
la vida de otra forma
y desterraron la idea banal
que repartía el futuro entre cielo e infierno?

No hay plaza alguna con un pedestal
que conmemore sus lentas audacias,
y es cierto que hay harta bibliografía incandescente
sobre los perjuicios que causaron
por no sentir ni frío ni calor,
o por mejor decirlo
por conformarse con calefacción central en los inviernos
y aire acondicionado en los veranos,
muy poca cosa comparada con los heroísmos
de todos cuantos pueblan
el cielo y el infierno de la Historia,
que está contra la vida,
con nombres propios y memoria,
los aldeanos de la posteridad.

No seguiré adelante visitando
los magnos personajes enjaulados
en el infierno por sus pomposos pecados
y la densa celebridad de sus talentos
en el arte de la destrucción,
o los no menos magnos santos

que hay en el cielo:
yo me quedo aquí, con la secta de los viles,
me quedo con los míos,
aquellos de los que nadie guarda memoria,
aquellos que fueron olvidados
por no haber dado a Dios ni al Diablo
sus almas insignificantes.
Sus llantos, me parece, no se deben
a que nadie se acuerde de sus vidas,
sino a que echan de menos
lo que una vez tuvieron:
esa vida pequeña, llena de gestos leves,
el lirismo elocuente
que no se reviste de hercúleos conceptos
ni metáforas brillantes,
el café de las nueve, las noticias en la radio,
llevar los niños al colegio,
el sol de las terrazas del domingo,
el «esto es vida» que se escapa entre los labios
con el primer sorbo de cerveza,
ver tres o cuatro capítulos de una serie,
leer la biografía de alguno de los grandes seres de la Historia.

Por eso llora inconsolable la secta de los viles,
no porque nadie los recuerde
–les importa un carajo que los recuerden o no,
saben bien que la meta es el olvido
y el sol estallará antes de apagarse y todos somos tiempo
triturado.

Lloran porque darían lo que fuera
por cien años de vida más, doscientos años,
una semana más, un solo día,

de esa vida anodina y antiheroica
buscando la felicidad pequeña,
el instante dichoso,
el simple y milagroso
«qué bien estar aquí y tener lo suficiente».

PATRIA

Estos días azules y este sol de la infancia
–lo comprenderás tarde– son tu única patria.

Estuvieron ya antes de que te calentaran
y seguirán estando cuando te vayas.
Ni banderas ni himnos ni proclamas
de una mente forjada en preguntas cansadas.

Un corazón febril y una mirada
a la que el mundo dota de hambre y alma.

Estos días azules y este sol de la infancia
te defienden del cuento de un borracho
lleno de ruido y furia que significa nada.

EL COMBATE

Se acumuló la gente en la vereda
y de repente la deslumbra el trote
del viejo caballero Don Quijote,
la lanza fatigada, la voz queda

que en el aire traza un hilo de seda:
«El caballero que en lid me derrote
podrá rendirme el nombre». No se note
que al fondo fulge el falso Avellaneda.

Un golpe solo durará el combate.
El viejo caballero rueda al suelo.
El alma es centro de una helada pira.

Renuncia el vencedor a hacer remate
y dar a su rival pasaje al cielo.
Bien sabe que ha triunfado la mentira.

LA RATA

Bien saben que se morirán un día
pero siguen charlando
como si nada. No hay misterio en parte alguna
aunque lo llenen todo de preguntas
por darse la importancia
que no les dan las cosas,
mientras bajo la luna fluye el río
sin otro sobresalto
que alguna rata
que después de mirarlos se sumerge
como ellos mismos asustada.

Llegaron tarde el uno al otro,
las vidas demasiado circuladas,
toda puerta que ofrezca un porvenir distinto
con diez llaves cerrada.
Puede que se devoren esta noche,
busquen un cuarto lento por Triana,
y finjan que son un oasis
en medio del desierto
de esas existencias apagadas,
oscuros pasadizos
hacia lo exfuturo,
en medio del desierto un vaso de agua.

Saben los dos que no hay ningún misterio,
lo sabe hasta esa nueva rata
que se asoma y los mira calculando
si son de veras un peligro,
y vuelve a sumergirse entre las aguas.

«Mejor tarde que nunca» es un buen suelo
para tenderse cediendo al deseo
que los aleje a cada uno de su casa,
y sumen sus gemidos a la atónita
banda sonora de la madrugada,
entregarse como si ayer no hubiera
y no hubiera un mañana.
                                        Pero los hay,
y ambos lo saben. Vendrá el alba
y se pondrán en marcha las rutinas,
convertidas ahora en jaulas.

Se prohibirán que en los adentros
les crezcan ansias
de regresar al cuarto donde espera
en medio del desierto un vaso de agua...

Y para rechazar las tentaciones
y reprimir las ganas,
les bastará acordarse de ese miedo
que brillaba en los ojos de la rata.

VENUS IN FURS

No es sólo su belleza
–si bien ella es la causa
de esa contemplación sin pausa
que magnifica la certeza
de que le perteneces.
Tampoco es la serenidad
con que te deja sin edad
(y en el deseo creces
hasta el borde del uno mismo
–un horizonte de sucesos
hecho de hambrientos besos–
convertido en un istmo
unido al mundo sólo por su boca).
No es sólo el hondo pozo
intraducible de vivir el gozo
de buscarte en su cuerpo, seda y roca.
No es sólo haber visto el envés
del paraíso al someterte ciego
a la luz de su coño para luego
verlo todo más claro.
No sabes qué es.
Pero tu entrega es ya tan pura
que te desborda a diario
sin que encuentres en ningún diccionario
vocablo que encapsule la tortura
de serte en ella y combatir el frío
que entumece al pudor.
Quizás sólo es amor
contra el vacío.
O quizás sea sólo la banal
gracia serena

de sentir su alma ardiéndote en las venas
cuando te deja ser su pedestal.
Y el tiempo pierde su noción,
y te envuelve una llama:
«Golpéame, mi ama,
cúrame el corazón».

CONFORMISMO

Ni idea si lo dijo algún poeta ario:
el conformismo es revolucionario.

Mides lo que ahora tienes –lo conseguido,
la casa con sus árboles, en cada uno un nido–,

la muralla de libros –algunos de ellos puentes
que logran el milagro de que seas gente lejos de la gente–,

la épica diaria de ir a comprarte fruta,
la lírica de tratar de no ser hijodeputa,

y aunque a veces te llega una calambre
–que en el fondo es una sed– y el hambre

de ir hacia la promesa de un abismo
(masa de un cuerpo que multiplicará la luz de ser tú mismo

para alcanzar una energía nueva),
te abrazas a la oscuridad de cueva

donde el tiempo es un soldado lento.
Confórmate, no estés atento

a la promesa alta y deliciosa de una lumbre
que te ofrece el azar, la incertidumbre.

Guárdalo como un planeta inmenso que de lejos es
  pequeño:
ya llegarás a él en algún sueño.

ÚLTIMAS HORAS DE UN POETA
(Basado en hechos reales)

> Sé que parece una película
> de Greenaway...
> JUAN ANTONIO CANTA

La hora en que se encienden las farolas
por el paseo en el que corren *milfs*
con un fondo bramante de olas solas

y yo voy desahuciando la mirada
de memoria que no hace compañía,
vaciándola para que quede en nada

mientras busco con qué salvar el día
–me vale un verso que me crucifique,
o el espasmo de alguna melodía.

Salvarse es eufemismo, que mi vida
ha entrado ya en sus últimos acordes,
y este paseo es sólo despedida.

Un gato trepa a una palmera muerta,
unos muchachos queman sus apuntes,
el lupanar ha abierto ya la puerta.

Me adelanta una *milf*, aroma a menta.
Dan ganas de correr y de alcanzarla.
Rogarle: sálvame. No sale a cuenta.

La sensación de haberlo ya vivido
todo y de que no hay nada que le preste
algo de alma a tanto sinsentido,

y que alivie la suma de los daños
que han convertido al mundo en la pocilga
en que no quiero dispendiar más años,

arrastrándome por los repetidos
días sin alma en la que alzarse un poco.
Ya es imposible visitar los nidos

donde algo de felicidad obtuve,
y el cansancio es tenaz como una hiena,
y en mi cerebro se instaló la nube

del miedo a la locura y la violencia.
Mejor dejarlo aquí, que se destruya
por sí sola mi rauda decadencia,

que no por insistir habrá la meta
de ser la que es por mucho que la aleje
a base de paseos y recetas

que le otorguen al mundo viva llama
e incendie el iceberg que llevo dentro,
y me haga arder también, como quien ama

todo lo que, por combatir la muerte,
se tizna de belleza momentánea
para hacerte no sabio, sí más fuerte.

Las *milfs*, sudor fulgiendo por los hombros,
van empequeñeciendo allá tan lejos
mientras en mi interior plantan escombros

escaparates que se han vuelto espejos.
En una esquina una muchacha oscura
me silba: por cien euros te desviejo.

Y por no echar el día a la basura
la sigo hasta su cuarto limpio y breve:
es una formidable criatura

que no sabrá jamás que con el rato
con que su cuerpo anula mi vacío
me está salvando a precio tan barato.

(Ay, describir lo que pasó está feo:
digamos que era diestra en su trabajo
y por mi parte yo puse el deseo.

La piedra de su cuerpo envuelta en seda,
los ojos tras los que no había nadie,
gemidos teatrales, la voz queda...

Si quise preguntarle por su vida,
la prisa y la desgana no dejó
que compartiese la menor herida,

bastante tuvo con prestar belleza
a quien por ley que se remonta a siglos
se pudo aprovechar de su pobreza

y beber el silencio de su boca
e ingresar en el templo de su cuerpo
y hallar a dios en tan preciosa roca

fantaseando con la juventud
que ella le contagiaba, indiferente,
y lo condujo hacia su último alud).

Ella vuelve a lo suyo, yo a lo mío.
Camino de regreso hasta mi casa,
las manos muy calientes, denso el frío

que envuelve el corazón, tornado texto
ilegible. Quisiera perdonarme,
arrepentirme o algo. Me detesto,

pero a veces se impone alguna racha
de viento que me silba sin moral:
no seas bobo, vuelve a la muchacha.

Quizá con mil euros me sobre y baste
para comprar toda su madrugada.
Mañana no tendré dónde los gaste...

Y quién sabe si al fondo el corazón
no tiene todavía la esperanza
de encontrar en un cuerpo sensación

de que el partido no se ha terminado
y la impaciencia por borrarse es boba
pues antes o después serás borrado.

Pero mejor dejarlo así. Mi plan
intacto, no forzar la despedida,
ni dejar un mensaje. Alprazolam

40 miligramos, luego un traje
de gala y ya me encontrarán mañana
colgado de una viga en el garaje.

Ninguna nota que ofrezca una pista
o quizá sólo en un papel cualquiera
muy bien caligrafiado: «Hasta la vista».

3

RIMAS

TRAS UNA SIESTA DE VERANO

He soñado –no miento,
aunque son sueños vanos–
que yo no era más que un instrumento
sonando entre tus manos.

Del sueño no recuerdo apenas nada,
sólo que era de día
y hasta muy entrada la madrugada
me transformabas en la melodía

más hechicera que yo haya oído,
a veces lenta y a veces muy loca,
como queriendo perder el sentido:
yo música en tus dedos y en tu boca.

A veces violenta, electrizante
como tormenta en un cielo sin dueño
–tocada allegro, luego andante...
Adagio ahora que pregunto:

¿Cómo se vuelve a un sueño?

FUERA

No tengo el alma dentro, que está fuera:
en los cuerpos que despiertan deseo,
en los gatos que maúllan mi paseo,
en las terrazas de la primavera.

El alma apresurada no me espera.
La sigo por las calles, al recreo
de la mirada que va imponiendo su *Deo*
gratias en la belleza que exaspera,

o eleva, hiela, enciende en mis adentros
la majestad del mundo que me llena
y un no se sabe qué planta en los centros

neurálgicos que extravían la calma
y de pronto me incendia cada vena.
En ese incendio un eco hay de mi alma.

LA BELLEZA

Yo llevo como todos dentro un caos
que busca derretirse en lo que vivo
por generar la tinta con que escribo
fantasmas, sueños, experiencias, vahos

de amores que perdí con sendos KOs
–de aquellos golpes todavía libo–.
Yo como todos llevo dentro un chivo
expiatorio de evangelios, taos,

que contra toda culpa opone asombros
al buscar allá fuera melodías
que le convenzan de que tiene suerte

de estar viviendo aún sobre los hombros
de un dios que sabe encadenar los días
para que en la belleza te hagas fuerte.

PERDIDA YA LA GRACIA

Perdida ya la gracia de tal suerte
que gasto sin menor tacañería
las horas todas de uno y otro día
como quien por la nada deja el fuerte,

perdida la costumbre de quererte,
perdida hace ya mucho la poesía
que aliento daba a la melancolía,
errando sombra y sed contra la muerte,

alcanzo cada noche con la lanza
carnívora del tiempo en el costado,
derramando recuerdos por la herida

sin perder desde luego la esperanza
de salvarme en un sueño inesperado
que me dé luz y me alce hacia la vida.

DIEZ MIL PASOS

Obligación diaria: diez mil pasos seguidos.
Ocho de la mañana, el camino me invita,
el pensamiento busca en pos de alguna cita
con errores pasados y nunca corregidos.

Los daños que infligí a seres bien queridos
o sucias artimañas para embolsarme guita.
A los mil pasos voy limpiándome una cuita
y a los tres mil curé a unos cuantos heridos

que por supuesto no sabrán que he arreglado
aquello que nos alejó del todo:
la magia del ensueño no llega nunca a tanto.

De regreso a mi casa –diez mil pasos he dado–
siento que estoy cubierto de agrio lodo
y con la larga ducha disimulo mi llanto.

CONSEJO

Deja salir antes de que sea tarde
todo lo que te hace peor persona:
el odio visceral a lo cobarde,
rencor baldío que cuando se encona

clava en tu paladar una corona
de espinas. Deja que te salvaguarde
la incandescente música que en zona
de sueños vuelve al mundo dulce mar de

instantes en los que tuvo sentido
la vida. A lo demás dale el olvido
que finalmente ha de borrarte entero.

Guarda tan sólo la tenaz semilla
del arte que se enciende en maravilla
(aunque también le espere el agujero).

DESCONFIANZA DE LA POESÍA

Cientos y cientos de poemas queman
hondo silencio donde duerme el dios
que nos ha condenado a ser adiós
y disfruta el cabrón con que le teman.

Toda una tradición en la que reman
lenguas y versos jugando a yo-yos
por encontrar respuestas o chapós
si formulan preguntas que nos drenan.

Que todo morirá es cosa sabida:
cada sol un cometa en despedida
y cada día da en truco de magia,

así que corta la flor fresca y goza
de toda la belleza que nos roza.
Que lo demás es densa verborragia.

Y SIN EMBARGO

Miente mi eternidad tan elocuente
en versos de otros que alzan la porfía
de que amanecerá joven el día
en que sin mí en mi voz aún haya gente.

Si siento viva en mi temblar la mente
de Vallejo o de Góngora o María
Zambrano y tuerce al tiempo la poesía
haciendo de sus ayeres presente,

¿por qué no esperanzarse con la escueta
fe de que en una página secreta
has escondido una verdad feroz

que eco merezca en quien aún no ha nacido
y sin saber quién fuiste ni habrás sido
transforme en suya la que fue tu voz?

POÉTICA

Escuchas un adagio
y de repente en ti algo se adagia.
Ese contagio
es una magia,
candela fría
en la que lo que alumbra es poesía.

Si te quema un poema
revelándote exacto
lo que dentro de ti se quema,
misteriosa materia al tacto,
dando palabras a lo que sabías,
ese fuego que exalta es poesía.

Si contra fe vencida por la nada
hallas consuelo que no se te quiebre
al encontrar hospicio en la mirada
de quien sabe darte su fiebre
y así salvas el día,
en esos ojos vive la poesía.

Si en ilegible sueño
tu padre, ya burlado de la muerte,
aparece y te abraza fuerte fuerte
aunque se ha convertido en un niño pequeño,
y su mirada hiere
cuando te dice que te quiere
(cosa que padre nunca dijo
y tú no se la dices a tu hijo),
esa escena baldía
esconde poesía.

Por encima del arte
que a Adonis hace fiero y bello a Marte,
cántico de la vida,
no le pidas que te cierre una herida,
más bien que te las abra
con eficaz palabra
helada en luz tan pura
que sea un simulacro de sutura.

Esa es su magia:
la poesía es fiebre y se contagia.

4

MEMORIAS

LA CADENA

Es noche de San Juan, qué sensación
de plenitud, inminente verano,
con todo ya aprobado,
y hogueras, y canciones, besos.
Se acababa mi primer año de estudiante en Barcelona,
viviendo en el cuarto de un ático
con tíos, primos y una perra, Chica,
que se habían llevado de Jerez.

El ático tenía una terraza en forma de L
rodeando a la vivienda,
y allí apañaron una caseta de ladrillo visto
para la perra, que en muy poco tiempo
pasó de ser cachorro juguetón
a criatura para la portada de una revista de perros.

La encadenaban cada noche
y tenía prohibida la entrada a las habitaciones.
Vivía a la intemperie,
pero cómo sabía ella cuándo tocaba hacer paseo
por las empinadas cuestas del lugar,
asomando el hocico en la cocina
o tocando con las manos en la ventana de mi cuarto.

La ventana de mi habitación daba a su caseta.
Muchas veces la vi asomada a mi ventana
porque la mía era la última luz que se apagaba en esa casa.
La bajaba todas las tardes y la mantenía atada
por las primeras cuestas del barrio, en Roquetas,
donde a medida que subías
se iba degradando el urbanismo,

lo que me gustaba, porque
me recordaba al barrio de Jerez, el Chicle,
donde nació la perra.

La soltaba
cuando llegaba, pasada la calle Rodrigo Caro,
a una explanada tras la que se cimbreaba la carretera.

Los días se fueron calcando,
sin darnos cuenta llegamos a las primeras rampas del verano,
y de repente noche de San Juan, todo aprobado,
la *nit del foc* donde hay que quemar lo negativo y shalalá.

Tíos y primos se habían ido a una torre
que tenían por Tarragona,
yo renuncié a acompañarlos,
me las prometía muy felices en otras arenas,
no te olvides de sacar a la Chica con tanta fiesta,
me dijeron, descuidad, les dije,
dos veces al día sin falta.

Nadie me avisó, señoras y señores del jurado,
nadie me avisó de la guerra aérea
que se monta en Barcelona esa noche,
de cómo se agujerea el cielo,
de la cohetería que se desmelena en las alturas
como si cada uno de los cohetes que suben
hubiera impactado contra ovnis que se descomponen
en serpentinas de colores.

Volví de amanecida a mi habitación,
me apetecía sacar a la Chica por la explanada,
por ver si así se me bajaba el colocón,

salí a la terraza y al llegar a la esquina la vi,
en su caseta de ladrillo visto,
las manos muy lejos del suelo,
los ojos muy abiertos,
la lengua colgando inerte:
se había ahorcado.

Como un fogonazo en el que se concentra
quién sabe si una hora o dos de puro terror,
la vi encadenada ladrándole a los fuegos artificiales,
nerviosa, enloquecida, dando vueltas
sobre sí misma
sin darse cuenta de que se le estaba acortando la cadena,
cada nuevo cohete trepaba a las alturas y estallaba,
y ella ladraba y daba otra vuelta y la cadena se hacía más
corta,
y otro más, y ella aterrorizada,
una vuelta más sobre sí misma,
la cadena acortándose,
hasta que en la siguiente vuelta
las manos ya no tocarían el suelo.

He tratado de representarme esa noche muchas veces
–cuántas vueltas tuvo que dar sobre sí misma,
cómo de intensa tuvo que ser su angustia ladrándole a los
fuegos,
la agonía cuando ya las manos no le llegaban al suelo
y seguían subiendo cohetes a un cielo reflejado en sus ojos–,
siempre me aniquila la culpa por haberla abandonado allí
y apenas la atenúa el hecho de que yo no sabía
la que se montaba esa noche de fiesta en Barcelona
ni que me asegurasen mis amigos
que si la hubiera dejado suelta igual

se hubiera tirado al vacío
–y si la hubiera dejado suelta dentro de la casa,
la hubiera destrozado.
Lo decían, supongo, para darle un colchón a mi desconsuelo.

Recuerdo el momento de desengancharla de la pared,
quitarle la cadena con que se había matado
–con que yo la había matado–,
abrazarla como si ese calor de la culpa pudiera devolver
  una vida.
Alguien trajo un saco de cal viva,
alguien trajo una pala.
Al anochecer, después de velarla con la sensación
de que en cualquier momento
de veras volvería a recobrar el aliento, el alma,
fuimos a la explanada de allá arriba
donde tantas veces la vi correr.

Cavamos un hoyo,
la cubrimos de cal viva,
tapamos el hoyo.

Durante días –a mis tíos les dije que se había escapado,
colgaron una foto suya en árboles y farolas ofreciendo
  recompensa,
para mí, incapaz de asumir el peso de la culpa a solas,
aquella ficción de que estaba viva
y aparecería era una manera de castigarlos,
de exonerarme, incapaz también de recriminarles
que no me hubiesen avisado
o que no se hubiesen llevado a Chica a su torre en la costa–
fui a la explanada:
era el único lugar del mundo donde me sentía a gusto.

Hasta que se acabó el mes y tocaba volver a Jerez,
donde vinimos al mundo ella y yo.

Todavía sueño con ella a veces.
Nunca, porque esas imágenes drásticas
y aterradas las reservo para la vigilia,
se me presenta en sueños en su última noche encadenada.
Siempre la veo corriendo
por aquella explanada donde quedó su cuerpo.
Y la veo cada vez que llegan noches de cohetería,
y la veo cada vez que contemplo
a un perro atado por una cadena.

TECNOPERSONA

A veces por negarme el yo
y porque sé que nos espían hasta los suspiros
me doy el gusto de inventarme a otro
y busco algunas cosas que nada me interesan:
videos de bricolaje, testimonios
de montañismo extremo, danza contemporánea.
También algo de porno maorí.

Registrados mis datos e intereses,
el algoritmo me compone de inmediato
un yo que no es el mío y la pantalla
se va llenando con ofertas deliciosas
para el otro que soy:
la caja de herramientas ideal,
un equipo completo
para hacer cumbre en peñascos enfundados por la nieve,
entradas para un espectáculo de Milena Sidorova,
las mejores ofertas de pasajes a Nueva Zelanda.
También anuncios de chicas tatuadas
que dicen estar a menos de un kilómetro de mí.

Fomento la tecnopersona nueva
y plago de comentarios blogs de escaladores
y veo en Youtube a un indio que con sólo una navaja
y cañas de bambú
se hace una casa en medio de la selva
y busco más sobre Milena Sidorova.
El porno maorí te hace entender
por qué Nueva Zelanda
es campeona del mundo de rugby.

Poco a poco me asiento en ese otro
que no sabía que había en mí
y confecciono un armario para el baño
y respondo a unos mensajes tatuados.
Y el sábado escalo El Torreón de Grazalema
y en la cima qué sensación de plenitud,
qué dicha apasionarse siendo otro.

Antes o después me canso y me regreso
al yo que se gana la vida como puede
hasta que necesite vacaciones
y decida ser otro y se proponga
engañar al algoritmo
para que me conduzca a nuevos modos
de dicha cotidiana
y me muestre que todo es fascinante:
leer sobre templarios,
o ver documentales de animales,
jugar a videojuegos de estrategia,
aprender a hacer malabarismos con seis bolas,
unirse a un grupo de cicloturistas.

Y todo por huir de un yo tunante
que deja de ser dios y se convierte
en uno de esos tarados
que en una maratón
se arrastran por el suelo
–como si el sufrimiento fuese un mérito–
para alcanzar la meta
ante el estadio puesto en pie
–ovación de tarados
emocionados ante el despilfarro

de la energía humana
acorazada en voluntad de yo tunante.

UN RECUERDO

Debo tener seis años me han mandado sin dinero
a comprar pan al almacén
que se lo apunte a mi madre le digo
al tendero con un hilo de voz
–lo apodan el Bandido–
me dice que es la última vez
con gesto hosco
buscando la complicidad de otras vecinas
y me da un chusco de pan blanco

lo subo y mi madre me dice que ese no
que era una barra de pan y el Bandido lo sabe
y yo vuelvo a bajar
y el tendero me dice que así de mano en mano
no puede devolverse el pan
y le digo que él me lo dio sin envoltorio
y no me acepta el pan blanco de vuelta
pero de mala gana
refunfuñando
me da la barra envuelta en un papel de estraza
y vuelve a aumentar la deuda en su cuaderno

Luego me siento en un bordillo
con la barra de pan envuelta
y el pan blanco sin envolver
y parto el chusco y me lo como
contemplando a unas niñas que juegan a la comba
deben tener doce o catorce no lo sé
me suenan todas pero apenas si podría dar sus nombres

Al saltar una de ellas la más alta
la falda se le sube
publicando la maravilla insólita
de unas piernas perfectas deliciosas
columnas de una piedra exquisitamente esculpida
coronadas en un triángulo rosáceo
que me parece entonces lo más bello
que yo haya visto nunca

Y acojo una extrañeza repentina
un no sé qué que me incendia por dentro

Luego viene un vacío
la sensación de que quisiera inmolarme
(naturalmente las palabras son de ahora
entonces no sabía qué era aquello)
con tal de merecer quemar las manos
la boca lo que sea
en esos muslos hechos
de piedra sumergida en una luz hipnótica

Y subo mareado ya a mi casa
con una sed inédita estragándome
con la barra de pan envuelta
después de abandonar sobre la acera
el chusco de pan blanco
sobre el que se arrojarán jilgueros
para desmigajarlo
o barrerá de mala gana una vecina

MERIENDA DE UN MENDIGO

Llevaba ya en la cesta todo
lo que escribí en la lista de la compra.
Por darme un lujo voy a permitirme una botella de jerez
y cuando me encamino a la sección
de alcoholes, paso
–sin apenas mirar
por no darle ocasión a la desobediencia–
ante las baldas de la bollería.
Y sin quererlo –es un decir–
se me detuvo la atención
en las bolsas de magdalenas
La Bella Easo.
Subieron del pasado las mañanas
de infancia, el desayuno apresurado,
el bizcocho encharcado en Cola-Cao,
las pocas ganas de irme a la escuela
–como quien abandona
una patria sin estar muy seguro
de que cuando regrese
las cosas van a estar donde las dejó.

(Mi madre se desayunaba
una magdalena mojada en leche,
para ella –toda la infancia sin desayunar–
era quizá el mejor momento del día.
Sus hijos fuimos variando el desayuno con el tiempo,
tostadas con aceite
o plátanos y peras,
copos de avena con yogur,
o tortilla de claras, pero ella

se mantuvo fiel a aquella magdalena
con la que afrontar cada jornada).

Ni idea de por qué metí una bolsa
de magdalenas de La Bella Easo
en la cesta de la compra.
Quizá pensé que una mañana de estas
me apetecería regresar a entonces
–desafiando mi reciente condición de diabético.
Pagué. Cargué las bolsas de la compra
y ya volviendo a casa me reñí:
¿a qué viene esta cesión a la nostalgia
si sabes que no puedes,
que no vas a atreverte,
que no las vas a abrir,
que antes o después van a volverse rocas
si no le crecen antes los gusanos?

Vi al mendigo que se pone en el primer peldaño
de la escalera de la iglesia,
y busqué entre las bolsas de la compra:
saqué las magdalenas
y se las di al mendigo
y seguí mi camino sin ver qué cara ponía,
apenas escuché su gratitud.

Pero al alcanzar la esquina
no pude contenerme y me volví:
ya había abierto la bolsa
y de un bocado se había metido media magdalena
que masticaba con cara de haber recibido
el premio al mendigo del año,

mientras quitaba el papel protector
a la base para tragarse el resto.

No sé por qué me pareció bonito
que echar de menos a alguien
sirviera por lo menos
para brindarle una merienda a un mendigo.

LA ÚLTIMA PIEZA

Entrevisté una vez a Paco de Lucía.
Ya había abandonado los escenarios,
se dedicaba sólo a jugar con sus nietos en la playa
(la misma playa donde le alcanzó
el infarto que habría de matarlo).
Me dijo que era un fracasado
porque no consiguió la que una vez
cuando empezaba fue
su única ambición:
llegar a componer
una pieza que nadie
pudiera nunca interpretar completa.
No porque fuese muy difícil
la ejecución encadenada de las notas,
sino porque la hondura y la belleza
de aquella melodía,
impidiera a cualquier intérprete
continuar tocándola.

GRACIAS ATRASADAS

Leí tu crítica a mi libro en un congreso de escritores
y todos me miraban como si se me hubiese muerto un hijo,
me daban pésames con gestos apenados,
otros sonreían encantados,
no supe soportarlo y me largué de allí
aun a sabiendas de que todos dirían
«no ha podido soportarlo».

Di con mi rabia en un bar de diez euros la copa,
paredes llenas de dibujos animados,
con intención de anegarme la conciencia
y la tristeza o yo no sé, vete a saber,
debió subirme el guapo –yo tenía treinta y pocos–,
lo cierto es que a la segunda copa
una de las camareras
–que era una obra de arte de esas
que no deberían poder salir de un país
sin el permiso expreso del Gobierno
y una cobertura de seguros millonaria–
le dio por darme labia –y luego labios.

La muchacha más tarde,
ya habíamos llegado a las manos y más arriba,
al cielo, que quedaba justo en mi cuarto de hotel,
cuando le pregunté si hacía aquello a menudo,
me dijo que sólo con quien pedía
dos copas de jerez en menos de diez minutos.
Nos volvimos a las nubes
hasta que en algún momento logré olvidar
que si no hubiera sido por tu crítica

jamás hubiera conocido
a la que fue el amor de mi vida durante cuatro días.

Ahora reparo en que ni siquiera te di las gracias
por la mejor reseña que me hayan hecho nunca.

KISSINGER

Me levanté perdido esta mañana
y no pinté ni sombra sobre el suelo.
En el aire aterido me abrí paso
como si hubiera muerto y lo supiera.
Me fui a comprar preguntas al kiosco,
respuestas al camello de la esquina.
Me dijo: «me han entrado unos Black Holes
que te llevan al comienzo del mundo».
Compré unos cuantos por cincuenta libras.

En todo había la perplejidad
de las cosas que acaban de repente.
Paré en el cementerio de West Brompton,
mientras me iba haciendo efecto la gragea.
Ardillas correteando por el césped
y putas tras las densas arboledas.

En un banco cualquiera,
leí la necrológica de Kissinger.
Vivió cien años el cabrón,
lo halagaban como gran genio
político del siglo XX
(a pesar de sus bombardeos de saturación
en Camboya, medio millón de toneladas,
ciento cincuenta mil civiles muertos,
muy a pesar del golpe militar
de Pinochet en Chile
y el terrorismo gubernamental
en la Argentina,
y el genocidio en Bangladesh…).

Daños colaterales, los llamaban.
Decisiones que había que tomar.
Te daban ganas de matarlo
aunque estuviese muerto:
patear su cadáver o algo así,
creer en un cielo
en el que lo estuviesen esperando
sus víctimas, no sé.

La gragea empezó a hacerme efecto.
Cerré los ojos para ver mejor
el desierto de hielo que me abrasa
el pecho, aunque de vez en cuando veía
a un crío que estallaba
por una orden de Kissinger.
En la pantalla blanquisucia de mis ojos
–sin brochazos de sol que la aliviasen–
todo era niebla interrumpida a veces
por mudas explosiones,
una lluvia de miembros derramándose
por el suelo de agónica ceniza.

Ingerí otra gragea
para driblar el mal viaje.

Soy un fuera de lugar, un dónde estoy,
me recuesto en el banco con la espalda
hirviendo, no los abras, no los abras,
no abras los ojos a la realidad,
sano es el espanto que ha de guiarte
hasta el oasis donde te aguardan las respuestas.

Y vi un estadio lleno de jóvenes barbudos
y muchachas descalzas
que iban a acabar en sótanos
llenos de ratas muy sedientas,
chaveas argentinos
arrojados al mar desde avionetas militares,
los gritos del terror mezclándose
con risas del piloto,
las niñas de Camboya
huyendo con sus hermanos en brazos,
la gran obra diplomática de Kissinger,
cien años, necrológicas
llenas de párrafos de encomio,
la Historia como siempre
aplastando a la vida,
vampirizándola para hacer con ella
pedestales de huesos para estatuas
de doctos criminales...

No abras los ojos, no los abras,
sigue avanzando por este desierto,
tu jaula de horizontes,
fundiéndote en el oro de la luz,
sintiendo que la brisa va borrando
la huella de tus pasos.

EL DÍA DE REGALO
–Borrador de un poema–

Me levanto a las seis aunque detesto madrugar.
Me pone malo el agua fría
pero abro el grifo de agua fría y aguanto diez segundos
bajo el chorro.
Me gusta el café solo, me sienta mal la leche
pero le echo un golpe de leche al café
y lo tomo con azúcar aunque no me guste endulzarlo.
Sólo fumo cuando atardece,
y aun así enciendo tan temprano un Winston:
si todo sale según lo previsto al terminar el día
me habré fumado cajetilla y media.
Detesto oír la radio en la mañana,
esos comentaristas que avisan del apocalipsis a diario,
pero prendo la radio y oigo a algún bocazas
berrear que España se rompe
y que hay que echar a los moros.
Gomina en el pelo. Agua de colonia en las mejillas.
Sus zapatos y su pantalón y su camisa.
No bebo alcohol pero a las seis y media
estoy en la barra del Zettelmeyer tomándome un coñac.
Me deprimen los tambores de la prensa deportiva
pero ahí estoy leyendo el *Marca*,
un reportaje sobre el mercado de fichajes de este invierno.

¿A qué viene todo esto?
Digamos que es costumbre familiar.
Cuando se muere un padre alguno de sus hijos
tiene que regalarle un día,
hacer durante un día las cosas que el difunto ya no hará.

Ponerse en su lugar.
El día de regalo, ya te digo.

Son las siete y se yergue ahora una pregunta:
¿qué hacía mi viejo toda la mañana?,
¿qué hacía un hombre de cincuenta y nueve años
en paro desde hacía dos
después de cuatro décadas currando?
Supongo que buscar trabajo ansioso,
pensar en el suicidio
mientras llegaba el infarto
que al fin puso remedio a sus tristezas.
Demasiado orgulloso para pedir favores
o mendigar unas faenas.

A las nueve tengo que volver a casa
y llevar a Joaquín a la guardería.
Me preguntará por qué no lo lleva el abuelo como siempre.
Se va, se va, el texto se me va por lo anecdótico.
Da igual. No es más que un borrador.

Mientras regalo el día me sacuden
recuerdos del difunto:
a veces tiernos o hilarantes o brutales.
No me pegó jamás
(claro que sí pegó a mi madre una vez,
después fue a emborracharse,
volvió a las tantas repitiendo su cantinela insoportable
«me tengo que matar»
«qué he hecho»
«tengo que matarme»
shalalá:
estuve un año sin dirigirle la palabra,

–tiene algo de mérito porque yo tenía doce años).
Era de sangre muy caliente,
yo creo que era bipolar,
había días en los que el mundo para él
era un cachorro que estaba pidiéndonos que saliésemos a jugar con él,
y otras era un campo de concentración
en el que nos había tocado el papel de prisioneros.
Se quejaba de su suerte muy a menudo.

He heredado algunas cosas suyas, no puedo negarlo.
La relación con el dinero por ejemplo:
gastarlo cuando lo tengo como si no hubiera mañana,
no darle importancia alguna
y pasar luego meses penando por haber gastado los ahorros
y decirme qué idiota eres,
no darle importancia al dinero
te hace pensar en el dinero a todas horas.
También la frialdad emocional es suya.
Ese esconderse suyo para echar unas lágrimas por algo.

Tuvo una infancia complicada.
Hijo de madre soltera en la España de los cuarenta.
Lo inscribieron en el libro de familia como hermano de su madre.
Esas cosas pasaban en los heroicos días del nacionalcatolicismo.
Se crio en un café cantante en la calle del Sol en la Plazuela.
Lo despertaban de madrugada a los diez o doce años
porque los señoritos de Jerez
se quedaban sin hielo.

Debió ver cosas muy edificantes
que le sirvieron luego para no escandalizarse por nada.
Se salvó mediante el fútbol.
Jugaba bien, se soñaba estrella de los estadios, como
tantos,
como yo mismo más adelante.
Por las mañanas trabajaba en un taller
hasta que a los 21 pudo al fin
sacarse el carné de conducir camiones,
y por las tardes entrenaba.
Lo fichó el Atlético Sanluqueño
y luego el Cádiz.
Entonces conoció a mi madre en la Alameda Vieja.
Ella quedó embarazada y se casaron
como era lógico en la época.
Dejó el fútbol, empezó con los camiones. Llegué yo.
A veces le tomaba el pelo diciéndole:
tú que querías ser futbolista
y terminaste conduciendo los autobuses
que llevan a los jugadores del aeropuerto al hotel,
del hotel al estadio,
del estadio al aeropuerto.
Me contestaba: tú que podías haber sido futbolista
y terminaste escribiendo las crónicas
de los partidos que no juegas.
Y dejaba de hablarme durante semanas.

Y bien ya son las nueve.
Mi madre ni siquiera se sorprende
de verme oliendo a él, vestido de él,
dispuesto a hacer lo que él hubiera hecho de estar vivo.
Llevar a su primer nieto a la guardería.

Un nieto que lleva su nombre y que es también hijo de
madre soltera.
¿Por qué no me lleva el abuelo como siempre?
El abuelo ha muerto, peque.
Ah, vale.
Pero lo puedes seguir viendo: están los sueños.
Ah, claro.

¿Qué hacía mi padre toda la mañana?
Una zona de sombra o libertad hasta las 2,
cuando tenga que regresar a recoger a Joaquín a la guardería.
Me invento que se dedicaba a conducir.
Casi cuarenta años conduciendo, camionetas,
camiones y pomposos coches de magnate,
y de repente, el paro,
la quiebra de la empresa por orden del gobierno,
un despido masivo, una indemnización y hasta la vista.

Me gustaba de niño verlo llegar en un interminable tráiler
en cuya cabina –con una palanca de cambios del tamaño
de un bastón–
nos apilábamos sus hijos mientras él subía a almorzar.
Y me gustaban los camiones cisternas
en los que algunas veces me llevó a Cádiz:
él cargaba en el puerto mientras yo,
quince años, dieciséis,
me iba de librerías.
Ahora que lo pienso si me preguntaran qué hiciste con tu
padre,
tendría que responder:
kilómetros, muchos kilómetros.
Más kilómetros compartimos que palabras.

Hay algo, no obstante, que nunca le perdonaré,
ni siquiera mientras le regalo el día.
Chicuelo, nuestro bóxer.
Nos lo trajo una tarde y unos meses después nos lo quitó.
Él, que nunca le hacía caso a mi madre, se lo hizo en
aquello.
Joaquín, no bebas. Y seguía bebiendo.
Joaquín, no fumes. Y seguía fumando.
Joaquín, no tardes. Y volvía a las tantas si volvía.
Joaquín, no podemos tener un perro
con cinco niños en un piso de sesenta metros.
Y se deshizo del perro.

Nos hizo creer que Chicuelo se había escapado
y allá que nos fuimos todos los hermanos a buscarlo.
Gritábamos su nombre en barrios
en los que antes no hubiéramos entrado ni hartos de droga
igual que los chavales de esos barrios
no entraban en el nuestro.
Volvíamos de nuestras expediciones
con las manos vacías y el ánimo arrasado.
Todos nos ocultábamos
para que los otros no nos vieran llorar.
También mi padre se ocultaba.
Se dio cuenta a los dos días
de que perder un perro era mucho más grave
de lo que su elocuente infancia cruel podía permitirse.

Mucho más tarde,
cuando Chicuelo era sólo un fantasma
que se nos aparecía en sueños,
e iba del sueño de uno al de otro

como el familiar solitario que cada tarde visita a un pariente
para recordarles que existe,
mi padre nos contó que lo dejó en la carretera de
Trebujena.
Primero nos dijo que se lo había dado a unos de una
finca,
pero la verdad fue más fuerte que él
y años más tarde nos la tuvo que contar.
Vi claramente al perro extrañado en el camino,
pensando que era un juego de su amo,
se metía en el coche y él tenía que perseguirlo,
pero aceleraba y aceleraba,
lo miraba por el espejo retrovisor y le decía, adiós
Chicuelo,
y el perro se cansaba y se paraba
y se iba empequeñeciendo sin saber
cuanto iba a agrandarse nuestra angustia.

El día de regalo lo emplearé en conducir por la carretera
de Trebujena.
Han pasado más de veinte años
y seguro que Chicuelo murió atropellado
o desfalleció de hambre
o lo encontró alguien y lo adoptó
o lo utilizaron unos miserables
para que se entrenaran unos perros de pelea.
Pero yo conduzco en el papel de mi padre por la carretera
de Trebujena
buscándolo, buscando
aquellos días felices de mi infancia
en que los hermanos nos peleábamos
por ser los primeros en regresar a casa para sacar a Chicuelo.
Creo que es la única vez que odié a mi madre,

cuando supe que fue ella la que le pidió a mi padre que se lo llevara.
Si encontrara un perro cualquiera en el camino
lo montaría en el coche de mi padre
y se lo llevaría de regalo a Joaquín, su nieto.

Después por la tarde,
tras comer y tras la siesta –que nunca duermo–
me tomaré otro café con leche,
pugnando con la náusea,
iré al Bar España a tomarme un par de finos,
le compraré cupones al ciego
y haré una quiniela, aunque jamás
me gasto un duro en juegos de azar,
y más tarde veré algún programa bobo de televisión
y me tomaré un *gin tonic* por toda cena,
un Winston detrás de otro para acabar el día de regalo
hasta que toque irse a la cama.
Ya acostado encenderé la radio,
aunque me tortura oír la radio de madrugada,
esos programas de gente que llama
para contar tragedias que quizá le hicieran sentir a mi padre
que tampoco le iba tan mal.

(Dejaré aquí este borrador.
Quizá algún día mi hijo lo descubra entre mis cosas, y piense:
así que tengo que regalarte un día, vale, padre,
y entonces se levante como yo a las tantas,
aunque le guste madrugar,
y se tome un café solo y sin azúcar,
aunque le siente mal,

y se duche con agua muy caliente
aunque prefiera la templada,
y se vaya a caminar aunque lo suyo sea el gimnasio,
y luego abra mi computadora
aunque escribir no sea su modo de estar en el mundo,
y complete el borrador
ajustando cuentas conmigo
después de regalarme
uno de los milagrosos días de su vida
cuando el milagro de la mía haya terminado,
y corrija y termine este poema).

AQUÍS

Como el cartógrafo de Borges que dibuja
un mapa y reparte colinas, lagos y montañas y desiertos
para descubrir que lo que ha dibujado es su propio rostro,
me da por irme a Google Maps
y buscar los sitios en los que recuerdo haber sido feliz
y los sitios en los que fui desgraciado.
Me propongo hacer un mapa a ver qué sale.
¿Te figuras que sale tu rostro?

Pago de la Serrana Z.1, Jerez de la Frontera,
he escrito y en la pantalla de repente la que fue mi casa,
aquí, tras la ventana del tercero izquierda
pasé la infancia y la adolescencia,
ahí escuché los discos de La Mode,
leí *El árbol de la ciencia* de Baroja, los cuentos de Bukowski,
escribí mis primeros poemas…
Un montón de años enterrados tras una ventana.

Como en casa no podía estudiar,
demasiados hermanos y trifulcas,
me refugié el invierno, la primavera y el verano de COU
en casa de mi abuela Ana,
la calle Grandallana en el barrio de El Chicle,
uno de los más peligrosos del país
según leo con indisimulado orgullo en un periódico.
Vamos a ver cómo está aquello. Y *voilà*,
aparece en mi pantalla la casa de mi abuela,
que ya no es de la familia porque la vendieron mis tíos,
pero está como la recuerdo, con su patio anterior,
sus dos plantas, su corral.

En el corral, estaba Yeti,
un pastor alemán imponente
al que yo sacaba todas las mañanas,
subíamos un montecillo lleno de vegetación y escombros
que culminaba en unas vías de ferrocarril
por las que hacía años que no pasaba ningún tren
–de niño lo vi pasar alguna vez y me pareció
la cosa más hermosa que hubiera visto nunca.
Ya no está el montecillo aquel,
puedo avanzar por un paisaje que no reconozco
pero que me llevará
a alguna de las plazas importantes de mi adolescencia,
por ejemplo la Plaza del Arenal,
donde instalaban cada año la feria del libro viejo,
por ejemplo, la Alameda Vieja
donde fueron mis primeros besos, cerca del merendero,
en un banco, desde el que, a través de pomposos árboles,
se ve la cúpula que un discípulo de Eiffel le hizo a González Byass.
Me acuerdo de que era domingo.
Lo tengo, localizo el banco en Google Maps,
aquí, sí, aquí fueron los primeros besos
una noche de hace ya treinta y cinco años.
Lo marco como lugar importante.

Quizá fue el mismo año en el que aquí, en el Instituto Alvar Núñez,
el sol pintando una raya sólida en la pizarra
que se derramaba luego hasta caer a los pies de la mesa del profesor,
de repente, en una página del libro de Literatura de Segundo,
unos versos de Lorca que no entiendo me golpean:

«pero la muerte es interminable cuando se apoya en los
espejos
y hay barcos que sólo buscan ser mirados
para poder hundirse tranquilos».

Tiene Google Maps una herramienta que permite,
marcando *stops*, trazar una ruta,
y la utilizo para unir todos esos aquís
en los que se fue escribiendo mi vida por ver, aunque sé
que no,
si el resultado se parece a mi rostro.
Y sigo buscando aquís.

Aquí, en la desembocadura del río San Pedro,
mi padre me enseñó a conducir.
Muy temprano agarrábamos el coche
y cuando enfilábamos la playa de Valdelagrana
me lo dejaba, lo acercaba a la orilla
y lo hacía correr paralelo al mar.
Allí enfrente, apostadas frente al océano,
había un ejército de gaviotas
que conforme el coche se acercaba iniciaban el vuelo,
y yo veía un abanico de aves colgando del aire
y girando, dibujaban en algún momento
algo parecido a un signo de cierre de interrogación
que yo veía en el espejo retrovisor del coche,
hasta que ordenadamente volvían a posarse tal y como
estaban.

Aquí, en una librería de la plaza Mina de Cádiz,
di con los dos primeros tomos
de *La novela de un literato* de Rafael Cansinos Assens.
Me recuerdo en el tren de vuelta

abducido por sus páginas llenas de gente
que creía que la literatura era el modo único de vencer a la muerte,
convirtiéndose en personajes unos de los otros,
conscientes de que si no escribían una obra maestra
a lo mejor se ganaban un sitio
como figurantes en las obras maestras de los demás
en una coreografía que de tan ridícula
llegaba a causarte, entre carcajadas, algo parecido a la ternura.

Aquí en el Parque González Hontoria, tumbado en la hierba,
mirando las estrellas,
la cabeza llena del humo de los primeros cigarrillos de marihuana,
la sensación serena de que ha llegado la hora de escapar...
Me fui a Barcelona. Mis tíos me prestaron una habitación
aquí en Pla de Fornells, 28, Ático 2,
que aparece ahora en la pantalla de mi ordenador,
una edificación en la esquina,
al comenzar una intensa cuesta,
con una azotea maravillosa
que rodeaba el apartamento.

Y aquí, en un piso de República Argentina, en el barrio de Gracia,
la mente ganada por la química,
los nervios desatados,
la sensación de que tenía que salir de allí,
y de repente oír *Entre dos aguas* de Paco de Lucía,
y sentir que si me echaba a andar
tal vez consiguiese volver a casa de mis padres
setenta, ochenta horas de camino,

tenía que hacer ese viaje a pie, tranquilamente,
podía hacerlo siempre que no dejase de sonar *Entre dos aguas*,
esa pieza me protegería durante todo el camino.

Aquí, en La Carbonería de Sevilla,
todas las noches de cháchara con poetas y filósofos de
  provincias,
mientras espero que la muchacha con la que salgo
termine su turno en la barra.

Aquí, en la calle Pajaritos de Sevilla, un edificio con empaque,
el primer apartamento donde viví solo,
me caía de la cama a las siete menos cuarto de la mañana
y a las siete menos cinco estaba redactando
el primer informativo del día
porque mi apartamento distaba tres minutos de carrera
  juvenil
de la emisora de radio, en calle Placentines,
donde a mis veintitrés años,
ejerciendo de jefe de informativos,
me creía rey del mundo.

Aquí en la Plaza de la Encarnación, Sevilla, una vez al mes,
la humillación de hacer dos horas de cola para cobrar el
  paro,
que se pagaba entonces en dinero contante y sonante.

Aquí, en el Café Gijón de Madrid,
una editora pone ante mí un contrato
por una novela que ni pensaba escribir,
pero gracias al cual se acabó vivir de prestado.

Aquí, en el Parque de Santa Ana de Jerez,

juego al fútbol con un niño pequeño,
luego volvemos juntos de la mano
hacia una casa en la que pronto
no me dejarán entrar y en la que todavía lo veo encerrado,
a pesar de que los años lo habrán convertido
en un muchacho que quizá no se acuerde nunca
de sus chuts en el Parque de Santa Ana.

Aquí, en un garito de Manhattan llamado Nuyorican
  Poets Café,
oí a una mujer de voz aterciopelada
un poema del que no recuerdo nada
pero estaba lleno de emoción y de misterio,
y al salir empezó a nevar
y todo me pareció enigmático y perfecto.

Aquí, en un autobús que va hacia Dubrovnik, de repente
suena una canción que dice exactamente lo que siento,
y tardaré algún tiempo
en saber que era *Wild is the wind* de David Bowie.

Aquí, junto a una casita
del barrio de pescadores de Pedregalejo, Málaga,
en una terraza que daba a un mar que esa mañana
estaba verborreico,
al encender mi teléfono entendí,
antes de escuchar ningún mensaje,
que sólo la muerte llama diez veces de madrugada.

Aquí, en el Ghat de Manikarnika, Benarés,
vi a una anciana que parecía hablar sola
y decía una cabalgata de nombres o entonaba una letanía
y tuve la impresión de que lo que estaba diciendo

era el nombre de todos los muertos,
y que algún día, alguna noche, en Benarés,
la anciana diría también mi nombre.

Aquí, en la Academia de Spagna, en San Pietro in Montorio,
  Roma,
meses de perezosa felicidad,
largas noches de charla con amigos
pintores, arquitectos, fotógrafos,
regalo inmerecido.
Un poco más abajo, en el mercadillo de Porta Portesse,
Poemas árticos de Huidobro
y libros dedicados por César González Ruano,
con su caligrafía elegante, tipográfica,
1000 liras/ejemplar.

Aquí, en la cima del Guayna Picchu,
tras una escalada lenta entre las sombras de la última hora
  de la noche,
sentarnos juntos y agotados
en una piedra que parecía la lápida de un dios
para esperar que el sol asomara en el horizonte
y empezase a prestarle colores a las cosas
y sentir que allá abajo,
donde habíamos dejado nuestras cosas,
quizá dos impostores estaban soñándonos.

Aquí, en el malecón de La Habana, un burdel inmenso,
el asco y el deseo en singular combate,
tratando de encontrar una razón para sentirme mejor
  persona
que el alemán baboso al que me he cruzado
acompañado de un clon de Naomi Campbell,

buscando también razones para convencerme
de que sería estúpido renunciar a ser tan mierda como él.

Voy hilando aquís, desordenadamente ya, dejándome llevar
por los recuerdos,
canicas en un bote de cristal:
la tarde que fui a ver la casa de granito rosa
donde vivió Nabokov en San Petersburgo queda a la vera,
a pesar de que la separen años,
de la tarde en que pedí prestadas
quinientas pesetas a la muchacha con la que salía
para comprar *Lolita* de Nabokov,
un libro verde con el título en caracteres gigantes
–y cuando cortamos fue lo último que me dijo,
me debes quinientas pesetas de *Lolita*.
«Quinientas pesetas de *Lolita*»
me pareció el título de un libro que alguna vez escribiría.

Voy repartiendo puntos en el mapa que ocupa la pantalla,
cuando localizo alguno que se corresponde
con un recuerdo súbito pulso el símbolo «+»
para arrimarme cuanto sea posible,
en una callejuela de Lisboa,
en un mercado de Tegucigalpa,
en Tortuguero, donde vi monos drogados,
en la preciosa Hamburgo,
en Bogotá, en Caracas, en Guadalajara, México,
en un burdel de San José de Costa Rica
al que me llevaron los poetas locales,
en un suburbio de Miami donde viví unos meses,
y conduje un descapotable que llevaba una pistola en la
guantera,

en el sótano donde vivimos unos meses en Earls Court,
Londres,
y yo me pasaba el día asomando al ventanal
que quedaba bajo la línea de la calle,
y veía piernas y piernas de gente que esperaba
el bus en la parada que había justo al lado
de la escalera por la que emergíamos del sótano,
en el ático de la calle Blasco de Garay, Madrid,
en la casa en la que escribo esto, en Mairena del Aljarafe,
donde una mañana, al abrirle al cartero,
entró como un mensaje una gata pequeña
que nos llenó de ronroneos la rutina
y ahora me mira por encima de la pantalla como
preguntándome,
¿qué haces, chaval?

Cada vez que localizo un lugar importante,
entendiendo por importante aquello
que no producimos por nosotros mismos
y debemos importar de fuera,
de la realidad, de la extrañeza, del otro lado,
dejo una señal para que el programa luego
componga una ruta con todos esos puntos derramados
sobre la pantalla, esa sucesión de aquís
que dibujen el mapa de mi vida.

¿Te imaginas que el resultado
se parece algo a tu propio rostro?, me pregunto,
¿te imaginas que la ficción de Borges acertara
y, disimulada en una ocurrencia poética, guardase algún
secreto?
No, claro que no.

El resultado no es más que un garabato poco exquisito,
la firma complicada de un notario
que inventa fintas para dificultar cualquier falsificación.
Lo miro un rato fijamente
tratando de prestarle entidad al garabato
hasta que consigo convencerme de lo que es ese dibujo:
es sólo una serpiente
que ha ido creciendo y creciendo
buscando por toda la superficie del planeta
el modo de volver al paraíso.

EPÍLOGO

HASTA AQUÍ

Fui enlazando seres, como todos,
en una representación
de un solo espectador constante,
a veces crítico ofendido,
a veces gran amigo del autor
capaz de perdonarle cualquier fallo.
Otros espectadores iban y venían,
se asomaban un momento,
reían con un gag,
o se quejaban ante una escena violenta,
lloraban, o se encogían de hombros.
A veces
hasta irrumpían en escena
para decir:
no, no es ficción, esto no es una ficción.
Luego se hacían humo
o se estampaban contra el decorado.

Ahora veo mi vida
como un poema de la Antigüedad
del que sólo podemos hacernos una idea
aproximada porque
nos han llegado sólo unos fragmentos
en citas de otros que los sacan del contexto
en que nacieron.
Aturdidas imágenes que saltan sobre el vano
empeño narrativo
de la memoria
que puja por inventarse
un relato como quien se propone

fabricar un espejo
con los añicos
de todos los cristales
que ha roto en una vida.

NOTA A LA EDICIÓN

He agregado a los que componían el original presentado al premio Hermanos Machado, cinco poemas («Mateo, 19, 24», «La secta de los viles», «Patria», «El día de regalo», «Aquís») que habiendo aparecido en obras mías anteriores o libros colectivos, no recogí, por distintas razones, en el volumen donde juntaba mis versos (*Poemas*, La Veleta, 2023). Todos ellos han sido corregidos para esta edición.

ÍNDICE

Se terminó de imprimir esta primera edición de
Los días heterónomos, de Juan Bonilla,
obra galardonada con el XV Premio Iberoamericano
de Poesía Hermanos Machado,
en Sevilla, el día 2 de junio de 2025